Pensamentos Diários
Para o Ano

Pensamentos Diários
Para o Ano

Samuel Rutherford

REFORMATION PRESS
2019

Reformation Press
11 Churchill Drive, Stornoway
Escócia, HS1 2NP
www.reformationpress.co.uk

Publicado pela primeira vez pela
Reformation Press como
Daily Thoughts from Samuel Rutherford (2017)
Traduzido por Joelson Galvão Pinheiro (2019)
Revisão do Português por Silvio Ribeiro (2019)
© Reformation Press 2019

Impresso www.lulu.com

Um registro de catálogo deste livro
está disponível na British Library
ISBN 978-1-912042-08-1

Também disponível como e-book Kindle
ISBN 978-1-872556-09-8

Todos os direitos reservados. Nenhuma parte desta publicação pode ser reproduzida, armazenada em um sistema de recuperação ou transmitida, de qualquer forma ou por qualquer meio, sem a permissão prévia por escrito da *Reformation Press*, ou conforme expressamente permitido por lei, por licença ou sob termos acordados com a organização apropriada dos direitos de reprografia.

Sumário

Introdução	7
Janeiro	9
Fevereiro	16
Março	23
Abril	30
Maio	37
Junho	45
Julho	52
Agosto	61
Setembro	69
Outubro	76
Novembro	84
Dezembro	91

Introdução

As Cartas de Samuel Rutherford são amplamentes conhecidas em sua língua original (inglês), porém são pouco conhecidas pelos falantes da língua portuguesa. O objetivo deste volume é tornar conhecida esta importante obra fazendo uso de citações selecionadas.

As Cartas foram publicadas pela primeira vez em 1662 sob o título de Joshua Redivivus (que em latim significa "Josué vive novamente"). As Cartas foram muito apreciadas em todas as gerações, desde o tempo de Rutherford em diante. O diretor John Macleod as descreveu como "a mais notável série de cartas devocionais que a literatura da igreja reformada pode demonstrar". C. H. Spurgeon disse a respeito delas: "Que riqueza de arrebatamento espiritual temos aqui! Rutherford está além de todo louvor dos homens. Como uma águia de asas fortes, ele voa até o mais alto dos céus e, com o olho aberto, contempla o mistério do amor divino (...) deixem o mundo saber que Spurgeon sustentava que as Cartas de Rutherford eram a coisa mais próxima da inspiração (divina) encontrada em todos os escritos de homens (...) nenhum penetrou mais profundamente no íntimo coração da comunhão santa com Jesus". Richard Baxter comentou de modo similar: "Depois da Bíblia, um livro como as Cartas do Sr. Rutherford o mundo nunca viu igual".

Tem sido frequentemente observado que, na providência de Deus, trezentas e sessenta e cinco cartas sobreviveram e foram reunidas. Isso significa que é possível ler uma em cada dia do ano. O presente volume oferece um ou dois pensamentos para cada dia. Estes podem ser considerados com cuidado e saboreados através da meditação.

É a esperança da editora que esses excertos sejam de benefício espiritual e encorajem o leitor a estudar o incomparável texto completo das Cartas.

O Editor

Todos os dias podemos ver algo novo em Cristo. Seu amor não tem limites. Quão abençoados somos por desfrutarmos deste tesouro inestimável, o amor de Cristo, ou melhor, nos permitirmos sermos dominados e subjugados por seu amor, para que Cristo seja nosso tudo, e todas as outras coisas não sejam nada.

Samuel Rutherford

Janeiro

1 DE JANEIRO

Cristo é imutável, neste ano Ele é o mesmo que foi no ano passado.
Carta 19

2 DE JANEIRO

Cristo torna-se a caução (segurança, penhor), ante o Pai, de todo aquele que decide e promete servi-Lo.
Carta 1

3 DE JANEIRO

Coragem! Eleve seu coração! Quando você se cansar, Cristo carregará você e seu fardo (Salmos 55:22).
Carta 2

4 DE JANEIRO

Nisto há consolo: que Aquele que vê perfeitamente através de todos os seus males, e conhece a estrutura e a constituição de sua natureza, e sabe o que é mais saudável para sua alma, segura cada cálice de aflição em sua cabeça com Sua própria mão graciosa.
Carta 3

5 DE JANEIRO

Depois da mais alta e mais cheia maré de Deus, ou seja, o mar de problemas que passou sobre as almas de Seus filhos, então vem a graciosa esperança de que as águas se escoem e sequem.
Carta 12

6 DE JANEIRO

O Senhor te disse o que você deve fazer até que Ele venha.
Carta 4

7 DE JANEIRO

Para onde quer que você vá, se o seu Senhor estiver contigo, você estará em casa.
Carta 5

8 DE JANEIRO

Aqui está o Testamento do seu Pai. Leia-o. Aqui Ele deixou para você a remissão dos pecados e a vida eterna.
Carta 7

9 DE JANEIRO

A cruz de Cristo é bem-vinda, se Cristo estiver com ela.
Carta 8

10 DE JANEIRO

Eu te peço, seja humilde e creia.
Carta 9

11 DE JANEIRO

Todas as plantas de Deus, sendo plantadas por Sua própria mão, prosperam bem.
Carta 10

12 DE JANEIRO

Quer Deus venha a Seus filhos com uma vara ou uma coroa, Se Ele estiver junto, estará tudo bem.
Carta 11

13 DE JANEIRO

Ore e fique satisfeito com Sua vontade. Deus tem uma assembleia no céu, e no fim demonstrará misericórdia a você.
Carta 26

14 DE JANEIRO

Ele é digno de que soframos por Ele, não só recebendo golpes, mas também derramando sangue.
Carta 16

15 DE JANEIRO

Tribulações e tentações quase nos arrancarão até a raiz; e mesmo assim, sem tribulações e tentações não poderemos crescer mais do que ervas ou milho sem a chuva.
Carta 22

Ele tomará a parte que cabe a você e então você será forte o suficiente.
Carta 15

16 DE JANEIRO

Fique contente em percorrer as águas da tribulação entre você e a glória com Ele segurando firme a sua mão, pois Ele conhece todos os vaus.
Carta 19

17 DE JANEIRO

Será melhor estarmos do lado de Cristo, pois seus inimigos só receberão os talos, isto é, nenhum fruto ou flor, como diz o provérbio.
Carta 17

18 DE JANEIRO

Não tenhais os olhos sobre mais ninguém a não ser sobre o Senhor dos exércitos, e o Senhor permitirá que vejas o que anseias ver ou realizará sua alegria mais abundantemente.
Carta 24

19 DE JANEIRO

Nós somos três vezes tolos, como príncipes recém-nascidos chorando no berço, e que não sabem que há um reino diante deles.
Carta 20

20 DE JANEIRO

É suficiente que o Senhor tenha te prometido grandes coisas. Só deixe que o tempo de entregá-las a ti esteja de acordo com Sua própria vontade. (...) Nosso amor

para com Ele deve começar na terra, e assim continuar no céu.
Carta 21

21 DE JANEIRO

Não são dignos de Jesus aqueles que não querem receber golpes por causa do seu Mestre.
Carta 27

Espere por tribulações e, enquanto o tempo está bom, conserte as velas do navio.
Carta 30

22 DE JANEIRO

Nossa bela manhã está próxima, a estrela da manhã está perto de nascer e não estamos a muitos quilômetros de casa. O que importa o entretenimento ruim nas enfumaçadas estalagens desta vida miserável? Não deveremos ficar aqui, e seremos muito bem recebidos por Aquele para quem vamos.
Carta 26

23 DE JANEIRO

Permaneça firme pela Sua bendita Palavra e não peques.
Carta 13

24 DE JANEIRO

Tenham esperança e creiam que o Senhor levará os Seus feixes frouxos, que há entre vocês, para Seu celeiro.
Carta 18

25 DE JANEIRO

Jesus abrirá caminho e virá buscar aquele que está cativo.
Carta 29

É mais garantido para vocês chegarem ao céu sendo navios de maior peso no oceano aberto, do que para pequenos vasos que não estão tanto sob a misericórdia e o controle das tempestades, porque aqueles podem vir tranquilamente para o porto navegando para a costa.
Carta 30

26 DE JANEIRO

Experimente qual é o sabor do cálice do Senhor e beba com a bênção de Deus, para que assim você possa crescer.
Carta 35

27 DE JANEIRO

O governo está sobre Seus ombros, e Ele pode suportar bem a todos nós.
Carta 32

28 DE JANEIRO

Eu penso que o amor tem ombros largos e suportará muitas coisas.
Carta 34

29 DE JANEIRO

Eu confio em Deus que o Senhor, que nos une, nos manterá juntos.
Carta 34

30 DE JANEIRO

Vós sois filhos da casa e a alegria está reservada para vós.
Carta 37

31 DE JANEIRO

Nosso Senhor fez tudo isso para ver se creremos e não desistiremos.
Carta 38

Fevereiro

1 DE FEVEREIRO

O amor dEle por você não ficará azedo nem se tornará obsoleto.
Carta 39

Temos bons motivos para ficarmos maravilhados diante do Seu amor.
Carta 14

2 DE FEVEREIRO

Deus agora ordena que você creia e lance sua âncora na noite escura.
Carta 39

3 DE FEVEREIRO

Não busco outra coisa, a não ser que o meu Senhor seja honrado por mim.
Carta 40

4 DE FEVEREIRO

Não tenha medo, Cristo não lançará água sobre o seu carvão fumegante. E quem mais ousará fazê-lo se Ele diz que não o fará?
Carta 48

5 DE FEVEREIRO

Se o diabo e os inimigos de Sião fizerem um buraco nessa armadura, deixe que nosso Senhor o veja. Vamos colocá-la e ficar de pé.
Carta 41

6 DE FEVEREIRO

Muitas vezes eu me pergunto se um filho de Deus deveria ter um coração triste, considerando o que o seu Senhor está preparando para ele.
Carta 41

7 DE FEVEREIRO

O Senhor nos envia para a costa livrando-nos de todas as tempestades, com nossas frágeis almas sadias e inteiras conosco.
Carta 44

8 DE FEVEREIRO

É bom batermos e insistirmos na porta do nosso Senhor. Que não cansemos de bater mais do que duas ou três vezes. Ele sabe quando seus amigos batem à Sua porta.
Carta 46

9 DE FEVEREIRO

Eu adoro e beijo a providência de meu Senhor, pois Ele é Aquele que sabe bem o que é mais conveniente para mim.
Carta 46

10 DE FEVEREIRO

O Senhor que, em Sua profunda sabedoria, gira todas as rodas e causa essas mudanças, também disporá disso para o melhor, para você e para os seus.
Carta 46

11 DE FEVEREIRO

Deus pode ir além de montanhas maiores do que estas, nós cremos, pois Ele realiza suas maiores obras contrárias à razão e aos meios carnais.
Carta 47

12 DE FEVEREIRO

Não desejo ir para o lado mais fresco e nem para o lado mais ensolarado da religião, nem colocar a verdade entre mim e uma tempestade; meu Salvador não o fez por mim, mas em Seu sofrimento escolheu o lado da colina com ventania.
Carta 40

13 DE FEVEREIRO

Envie um coração pesado até Cristo, pois será bem-vindo.
Carta 50

O Senhor viu um prego se soltando no meu coração, mas agora Ele o fixou. Honra seja à Sua majestade.
Carta 46

14 DE FEVEREIRO

Você quebra seu coração e este fica pesado, e esquece que Cristo tem o seu nome gravado nas palmas das mãos em grandes letras.
Carta 50

15 DE FEVEREIRO

O que é isso que estamos fazendo, quebrando o pescoço da nossa fé? Ainda não chegamos à entrada do Mar Vermelho, e ainda se formos, por amor à Sua honra, Ele deverá abri-lo.
Carta 51

16 DE FEVEREIRO

Eu te ordeno, em nome do Filho de Deus, a descansar sobre a tua Rocha, que é mais elevada do que você.
Carta 52

17 DE FEVEREIRO

Não fique abatido. Se você visse Aquele que está em pé na costa, estendendo os braços para recebê-lo em terra, você não apenas passaria por um mar de injustiças e afrontas, mas pelo próprio inferno para estar com Ele.
Carta 54

18 DE FEVEREIRO

É uma misericórdia neste mar tempestuoso conseguir um segundo vento, quando nenhum dos santos consegue o primeiro. Mas eles devem receber os ventos, como o Senhor dos mares os faz soprar, e a hospedaria,

como o Senhor e Mestre das hospedarias ordenou. Se o contentamento estivesse aqui, o céu não seria o céu.
Carta 56

19 DE FEVEREIRO

Vivemos em um mar onde muitos sofreram naufrágio e precisam que Cristo sente-se no leme do navio.
Carta 56

20 DE FEVEREIRO

O que te ordeno é que você creia, alegre-se, cante e triunfe.
Carta 57

21 DE FEVEREIRO

Aquele que proíbe adicionar aflição à aflição, Ele mesmo o fará?
Carta 62

22 DE FEVEREIRO

Eu realmente acho que as correntes do meu Senhor Jesus estão cobertas de ouro puro.
Carta 63

23 DE FEVEREIRO

A fé confiará no Senhor, ela não é precipitada nem teimosa.
Carta 63

24 DE FEVEREIRO

Vamos nos ajudar uns aos outros com nossas orações. (...) Eu penso que é o amor sábio do Senhor que nos alimenta com a fome.
Carta 63

25 DE FEVEREIRO

Estimularei minha alma a crer e esperar em Cristo e, assim, ela caminhará de acordo com Sua providência. Nem além nem aquém disso.
Carta 63

26 DE FEVEREIRO

Eu sei que é necessário tomar mais dores do que já temos, e não fazer do céu uma cidade mais facilmente obtida do que Deus o fez.
Carta 66

27 DE FEVEREIRO

Todavia, receba golpes e olhares azedos de teu Senhor, creia em Seu amor mais do que em teu próprio sentimento, pois este mundo nada pode tirar de você do que é verdadeiramente teu, e a morte não pode fazer mal a você. Não há variação em tua Rocha, mas há em teu mar. Aquilo que Cristo disse, Ele confirmará.
Carta 69

28 DE FEVEREIRO

Cristo não dependerá nem de você nem de qualquer outra pessoa, mas apenas de Si mesmo, para levá-lo para o céu.
Carta 69

29 DE FEVEREIRO

Me faltam caneta e palavras para descrever a justiça, beleza e doçura do amor de Cristo, e a honra desta provação em Cristo.
Carta 66

Março

1 DE MARÇO

Aquele que vê o lado claro da cruz de Cristo, conseguindo aceitá-la com prazer, fé e coragem, achará que tal fardo é como as velas são para um navio ou as asas para um pássaro.
Carta 71

2 DE MARÇO

Se eu pudesse trocar minhas aflições, eu não as trocaria por nada.
Carta 70

3 DE MARÇO

Eu sei que Seus confortos não são sonhos. Ele não colocaria Seu selo num papel em branco, nem enganaria Seus aflitos que confiam nEle.
Carta 70

4 DE MARÇO

Você deverá passar pelos portões do céu com teu livro na tua mão, ainda aprendendo.
Carta 70

5 DE MARÇO

Há algo no cristianismo, pelo qual todo aquele que vem até ele, vê e sente mais do que os outros o podem fazer.
Carta 70

6 DE MARÇO

Deus conceda que, em minhas tentações, eu não volte para o lado errado novamente, e nunca mais caia em delírio contra o meu Médico em minha febre.
Carta 71

7 DE MARÇO

A água não corre mais rápido através de uma peneira mais do que nossas advertências escapam de nós.
Carta 72

8 DE MARÇO

As tribulações não são uma misericórdia cruel ou sem amor, mas o sinal de amor de um Pai.
Carta 72

9 DE MARÇO

Eu vejo que a graça cresce melhor no inverno. (…) Na minha prisão Ele me mostrou a luz do dia.
Carta 74

10 DE MARÇO

Eu tenho agora motivos para confiar mais na promessa de Cristo do que em Seu olhar severo.
Carta 75

11 DE MARÇO

Ele olha para aquilo que eu desejo ser e não para o que eu sou agora.
Carta 76

12 DE MARÇO

Ele cuidará de Seu próprio ouro e não permitirá que este seja consumido pelo fogo.
Carta 76

13 DE MARÇO

A graça experimentada é melhor que a graça e mais que a graça; é a glória em sua infância.
Carta 76

14 DE MARÇO

Vivendo em confiança pela fé, podemos bem nos contentar.
Carta 76

15 DE MARÇO

Eu conheço o suficiente de Cristo para saber que Ele não está difícil de ser encontrado, nem é altivo em Seu amor.
Carta 79

16 DE MARÇO

Orar e crer agora, quando Cristo parece lhe dar um não como resposta, é crer e orar mais do você o fazia antes.
Carta 80

17 DE MARÇO

Há necessidade de paciência de nossa parte, até que o fruto do verão no céu esteja maduro para nós. Está na raiz e há muitas coisas para fazer antes de nossa colheita chegar.
Carta 81

18 DE MARÇO

Nós desejamos levar um céu para o céu conosco, e termos dois verões em um ano, e não menos do que dois céus. Cristo teve apenas um, e nós queremos dois?
Carta 81

19 DE MARÇO

Curve-se! É uma entrada baixa a do portão do céu.
Carta 82

20 DE MARÇO

Ele é o atalho e o caminho mais próximo para uma libertação de todos os teus fardos. Você será muito bem-vindo a Ele.
Carta 82

21 DE MARÇO

Oh, por uma alma tão ampla quanto o círculo máximo do mais alto céu que tudo contém, para conter seu amor! E ainda assim eu poderia conter apenas um pouco deste amor.
Carta 82

22 DE MARÇO

Muitos seguiriam a Cristo, mas com a reserva de que Cristo diminuísse as tribulações, para sempre terem um bom tempo com sol e um céu de verão, até que todos chegassem ao céu.
Carta 83

23 DE MARÇO

Se nos conhecêssemos bem, admitiríamos que o desejo de não sermos tentados ou atribulados é a maior tentação de todas.
Carta 83

24 DE MARÇO

Deus fez muitas flores belas, mas a mais bela dentre todas elas é o céu, e a flor de todas as flores é Cristo.
Carta 87

25 DE MARÇO

Seja como for, sei que Cristo conquista o céu, apesar do inferno. (...) Cristo, com todos os Seus pequeninos debaixo de Suas asas e sendo guiados pela bússola de Seus braços, estão tão seguros que se você os lançasse no mar, eles subiriam novamente, pois Ele não perde nenhum deles. Ninguém poderá ser perdido na contagem.
Carta 85

26 DE MARÇO

Gostaríamos de ficar aqui e criar um céu para nós mesmos deste lado, mas a tristeza, a necessidade, as mudanças, as tribulações e o pecado são o fundamento deste tecido mal fabricado.
Carta 87

27 DE MARÇO

Nossas cruzes não nos morderiam se tivéssemos mentes voltadas para o céu.
Carta 84

Graças sejam dadas a Deus que Seus filhos, por Cristo neles, possam suportar tensão e tempestade, embora a fraca natureza pudesse cair em pedaços.
Carta 85

28 DE MARÇO

Nosso Senhor apara os galhos das nossas alegrias mundanas, quase até a raiz, com o propósito de que eles não prosperem.
Carta 93

29 DE MARÇO

Quando voltarmos para casa, e olharmos para trás, para as dores e sofrimentos, então veremos a vida e tristeza como sendo menos que um passo de uma prisão para a glória, e que nosso pequeno tempo de sofrimento não é digno sequer da nossa primeira noite de boas-vindas ao céu.
Carta 88

30 DE MARÇO

Ardis não nos levarão além da cruz. É loucura pensar em rastejar até o céu com uma pele incólume.
Carta 89

31 DE MARÇO

Mantenham-se em paz e permaneçam sobre o Santo de Israel. Ouçam o que Ele disse ao frustrar os seus desejos; Ele falará paz ao seu povo.
Carta 90

Abril

1 DE ABRIL

A necessidade da fé, em um dia belo, nunca é conhecida corretamente.
Carta 92

2 DE ABRIL

Um sorriso da face de Cristo é agora para mim como um reino.
Carta 92

3 DE ABRIL

Deus, não me envie mais para a minha parte do paraíso, mas envia-me para Cristo. E certamente eu serei rico o suficiente e também participante do melhor céu que há, se Cristo for o meu céu.
Carta 87

4 DE ABRIL

Ele me aliviou, quando não percebi, tirando a carga dos meus ombros, para que eu pensasse que não passava de uma pena, porque por baixo estavam os braços eternos.
Carta 97

5 DE ABRIL

Eu não conheço nenhum caminho mais doce para o céu do que aquele através da livre graça e duras provações juntas, e uma não pode ficar sem as outras.
Carta 95

6 DE ABRIL

Eu tenho a companhia de um Senhor que pode nos ensinar a todos a sermos gentis. Que Ele faça de mim o que Lhe agrada, operando por meio disso minha salvação.
Carta 97

7 DE ABRIL

Oh, quão rasa é a alma que tenho para receber todo o amor de Cristo!
Carta 94

8 DE ABRIL

A providência não se move sobre rodas desiguais e tortas; todas as coisas cooperam para o bem daqueles que amam a Deus, que são chamados segundo o seu propósito. Logo veremos o lado límpido da providência de Deus.
Carta 98

9 DE ABRIL

No entanto, creia em Seu amor pacientemente e no escuro. Você deve aprender a nadar e levantar a cabeça

acima da água, mesmo quando a sensação de Sua presença não está com você para segurar teu queixo.
Carta 100

10 DE ABRIL

Nós fazemos um ídolo da nossa própria vontade. Tornando os muitos desejos em nós, como em muitos deuses; somos todos fabricantes de deuses. Estamos como que a perder Cristo, o verdadeiro Deus, na multidão daqueles falsos e novos deuses.
Carta 102

11 DE ABRIL

Ele sempre foi gentil para com minha alma, mas nunca tão gentil como agora, em minhas maiores severidades.
Carta 103

12 DE ABRIL

Escave profundamente, sue, trabalhe e faça grandes esforços por Ele, e dedique o máximo de tempo que puder para Ele. Ele será ganho com o labor.
Carta 104

13 DE ABRIL

Eu pensava que tinha sido uma coisa fácil tornar-me um cristão, e que o buscar a Deus estava na porta ao lado. Mas, oh, as curvas, as voltas, os altos e baixos pelos quais Ele me fez passar! E vejo ainda um longo caminho até a travessia para o céu.
Carta 104

14 DE ABRIL

É uma misericórdia que as pobres ovelhas errantes tenham um lugar para se abrigar do vento neste dia tempestuoso, e que um navio que está por afundar tenha um porto seguro, e um passageiro doente tenha uma cama boa e macia na costa.
Carta 105

15 DE ABRIL

Eu amo as piores reprovações de Cristo, Sua face carrancuda e Sua cruz, mais do que toda a glória embriagada deste mundo.
Carta 105

16 DE ABRIL

Eu posso ser um homem erudito, e ainda ser totalmente tolo e idiota, enganado no caminho de Cristo! O conhecimento não enganará a Cristo.
Carta 106

17 DE ABRIL

Eu não duvido, mas muitos buscariam mais o céu, se eles não cressem que o céu está bem próximo.
Carta 106

18 DE ABRIL

Ele se deleita em socorrer crianças caídas e em consertar os semblantes caídos.
Carta 107

19 DE ABRIL

Ele me ensinou a estar contente com uma lareira e uma cama emprestada de outra pessoa, e penso que não perdi nada, a recompensa é grande.
Carta 111

20 DE ABRIL

Seus filhos frequentemente recebem o lado mais frio da colina e colocam os dois pés descalços entre os espinhos. Seu amor tem olhos e, enquanto isso, está apenas observando. (...) No esconder do Seu rosto está Seu sábio amor.
Carta 107

21 DE ABRIL

Eu não trocaria meu Senhor Jesus por todo o conforto do céu.
Carta 108

22 DE ABRIL

Espera-se que a salvação esteja à porta, e que o cristianismo seja uma tarefa fácil, mas acho difícil, e o caminho reto é estreito. Não que meu Guia esteja contente em servir e cuidar de um viajante cansado.
Carta 109

23 DE ABRIL

Espero viver pela fé e nadar sem sentir, muitas vezes, uma grande alegria na qual eu possa me apoiar, embora eu possa estar como que submerso.

Carta 110

24 DE ABRIL

Nosso orgulho deve passar pelo inverno para que possa apodrecer.
Carta 107

25 DE ABRIL

Se vinte cruzes (provações) forem escritas para você no livro de Deus, elas chegarão a dezenove, e finalmente a uma, e depois acabarão.
Carta 112

26 DE ABRIL

Ele toma os filhos em Seus braços quando eles chegam às águas profundas; quando perdem terreno e são obrigados a nadar, a Sua mão está sob o queixo deles.
Carta 113

27 DE ABRIL

Deus te chamou para o lado de Cristo, e o vento agora bate na face de Cristo nesta terra. E vendo que estais com Ele, não podeis esperar estar do lado abrigado do vento ou do lado ensolarado do monte.
Carta 115

28 DE ABRIL

Seria melhor que os homens vissem que sua sabedoria deveria ser santa e sua santidade sábia.
Carta 116

29 DE ABRIL

O céu não está na porta ao lado. O cristianismo não é uma tarefa fácil.
Carta 124

30 DE ABRIL

Espero que, quando houver uma mudança, eu possa lançar minha âncora à meia-noite sobre a Rocha que me ensinou a saber, na luz do dia, para onde eu posso correr, quando devo recitar minha lição sem o livro e crer estando no escuro.
Carta 118

Maio

1 DE MAIO

Ele sabe que eu tenho pouco além do amor por este amor, e serei feliz ainda que eu nunca obtenha outro céu, terei um eterno e duradouro banquete deste amor.
Carta 120

2 DE MAIO

As tentações virão, mas se não forem bem-vindas por você, você terá o melhor delas. Tenha ciúmes de si mesmo e do seu próprio coração, e fique sempre perto de Deus.
Carta 121

3 DE MAIO

Para as coisas mundanas, vendo que há prados e belas flores no caminho para o céu, um perfume é suficiente. Aquele que reconhece e conta todas as pedras em seu caminho, numa jornada de trezentos ou quatrocentos quilômetros, e registra em seu livro todas as ervas e flores que cressem no caminho, pode ficar aquém na sua jornada. Você não pode ficar, em seu pouco espaço de tempo, perdendo o seu dia (vendo que você está com pressa, e a noite e a tarde não o aguardarão), colocando seu coração neste mundo vil.
Carta 122

4 DE MAIO

É fácil obter boas palavras e uma mensagem confortável da parte do nosso Senhor, mesmo através de agentes ásperos como as diversas tentações. Graças a Deus pelas provações!
Carta 122

5 DE MAIO

Sejamos fiéis, e cuidemos de nossa própria parte (...) e depositemos a parte de Cristo nEle mesmo. Os deveres são nossos, os acontecimentos são do Senhor.
Carta 107

6 DE MAIO

Vá aonde você quiser, sua alma não dormirá bem a não ser no seio de Cristo.
Carta 127

7 DE MAIO

Quando Cristo, em amor, assopra, faz bem a uma alma. É uma espécie de conforto e alegria receber um assopro do amável, doce e suave Jesus.
Carta 130

8 DE MAIO

Que poder e força estão em Seu amor! Estou convencido de que se pode escalar uma colina íngreme com o inferno sobre suas costas, nadar através da água e não se afogar, cantar no fogo e não sentir dor, e triunfar em

perdas, prisões, tristezas, exílio, desgraça e rir e se alegrar na morte.
Carta 130

9 DE MAIO

Nossa natureza fraca será carregada através dos problemas desta vida miserável nos braços de Cristo, e esta é a Sua sabedoria. Ele conhece a nossa estrutura, e sabe que Seus filhos vão caminhando descalços para o céu.
Carta 131

10 DE MAIO

Uma outra visão desta vida seria meu céu já iniciado, até que venha o amanhecer longamente esperado.
Carta 130

11 DE MAIO

Não pense muito na tempestade quando estiver no navio em que Cristo navega. Nenhum passageiro cairá no mar, mas o navio avariado e o fraco passageiro chegarão à terra em segurança.
Carta 131

12 DE MAIO

Quando os santos estão sob provações e estão bastante humilhados, pequenos pecados suscitam grandes gritos e clamores de guerra na consciência. Na prosperidade, a consciência é um como um Papa que dá plenas liberdades, alargando o espaço do nosso coração. Oh,

quão pouco nos importamos com o perdão de Cristo, quando criamos tais liberdades!
Carta 133

13 DE MAIO

É estranho e maravilhoso que Ele poderia estar no céu sem nós, e que agora Ele terá a companhia de pecadores para deleitar-Se no céu.
Carta 133

14 DE MAIO

Seria bom que nós, prisioneiros da esperança, soubéssemos que a nossa fortaleza se move em direção a tempestade antes que esta se aproxime.
Carta 134

15 DE MAIO

Vá através das águas sem se cansar. Seu Guia conhece o caminho. Siga-O e lance suas preocupações e tentações sobre Ele (...) Ele não se incomoda em ser amável.
Carta 137

16 DE MAIO

Construímos castelos no ar e os nossos sonhos são os nossos ídolos diários, dos quais somos devotos. Salvação, nossa salvação é a única coisa necessária. Chame seus pensamentos para essa obra, para perguntar pelo seu Bem-Amado.
Carta 136

17 DE MAIO

Ouvistes da paciência de Jó. Quando ele jazia nas cinzas, Deus estava com ele (...) consolando sua alma, e finalmente o recebeu. Aquele Deus não está morto; Ele se abaixará e erguerá crianças caídas.
Carta 138

18 DE MAIO

Quando eu conto as Suas misericórdias para comigo, eu devo me aquietar e pensar, e ir embora como um pobre devedor que não tem como pagar.
Carta 140

19 DE MAIO

Seu Mestre, Cristo, conquistou o céu com sofrimentos. O céu é um castelo sitiado; deve ser tomado com violência. Oh, este mundo pensa que o céu está na porta ao lado, e que a piedade pode dormir em uma cama até chegar ao céu! Mas as coisas não são assim.
Carta 141

20 DE MAIO

Eu estava nadando nas profundezas, mas Cristo tinha a mão debaixo do meu queixo o tempo todo, e considerei que eu não perderia o fôlego.
Carta 141

21 DE MAIO

Existem infinitas camadas em Seu amor e os santos nunca conseguirão desdobrá-las todas.
Carta 152

22 DE MAIO

O diabo e o mundo não podem ferir o amor de Cristo. Os sofrimentos não podem embotar nem um fio deste ardente amor. Lance este amor nos dilúvios e inundações do inferno e ele nadará sobre eles.
Carta 143

23 DE MAIO

Que nenhum homem tenha pavor ante a cruz de Cristo ou dê um mau testemunho sobre ela ou sobre Ele, pois Ele toma sobre Si tanto o sofredor quanto seu sofrimento.
Carta 144

24 DE MAIO

Não há como empurrar e atravessar os portões do céu com pouca força; é um castelo que é tomado pela força.
Carta 147

25 DE MAIO

As piores coisas de Cristo, como as Suas repreensões e as Suas provações, são melhores que os tesouros do Egito.
Carta 148

26 DE MAIO

Eu devo desistir de todas as tentativas de entender a profundidade de Seu amor. Tudo o que posso fazer é apenas ficar diante do Seu grande amor, contemplá-lo e maravilhar-me.
Carta 151

27 DE MAIO

Feliz é a sua alma se Cristo a governa como Sua casa, se Ele mesmo toma as chaves e comanda tudo.
Carta 142

28 DE MAIO

A Sua misericórdia tem um tempo e lugar determinados, e é o quão longe o mar da aflição fluirá e onde as suas ondas serão detidas.
Carta 158

29 DE MAIO

Agora sei como destrancar a porta do meu Amado, e Ele faz bem a um pobre estranho quando este chega à Sua casa.
Carta 155

30 DE MAIO

A maior tentação, provinda do inferno, é o desejo de viver sem tentações.
Carta 157

31 DE MAIO

A fé está em seu melhor quando enfrenta ventanias e a forte tempestade de inverno. Sem adversidades a graça murcha.
Carta 157

Junho

1 DE JUNHO

O diabo é apenas o mestre espadachim de Deus, para nos ensinar a manusearmos nossas armas.
Carta 157

2 DE JUNHO

Seu amor não tem limites nem fim; Seu amor é como Ele mesmo, ultrapassa todo entendimento natural. Se eu tentasse sondá-Lo com meus braços seria como se uma criança pudesse carregar o mundo inteiro em seus pequeninos braços.
Carta 153

3 DE JUNHO

Aquele que foi afligido em todas as aflições, não olha para você em tuas tristes horas com um coração insensível ou com os olhos secos.
Carta 158

4 DE JUNHO

Eu sei que o nosso querido Senhor perdoará nossos erros e equívocos que cometemos em nossa sinceridade, quando nos importamos com Sua honra.
Carta 163

5 DE JUNHO

O desânimo, sensação de culpa e os anseios são, muitas vezes, o melhor de nós.
Carta 159

6 DE JUNHO

Aprenda a crer em Cristo mais do que nas provações que Ele envia, mais em Suas promessas do que em Sua obscuridade.
Carta 161

7 DE JUNHO

Quando a bênção do Senhor soprar através de seus desejos, é melhor você, em humildade, demonstrar submissão a Ele.
Carta 161

8 DE JUNHO

O Senhor é o mesmo nos Seus caminhos, mas a minha culpa muitas vezes supera a minha fé.
Carta 162

9 DE JUNHO

Esquecemos que à medida que nossos dons e nossa luz aumentam, mais somos devedores a Deus, e não podemos retribuir com as velhas práticas e costumes que Lhe realizávamos anos atrás.
Carta 158

10 DE JUNHO

Minha fé não tem cama para dormir. Ela descansa na onipotência, no braço santo e na boa vontade de Deus.
Carta 163

11 DE JUNHO

Preciso ir até aos portões do céu tomando emprestada a força de Cristo.
Carta 165

12 DE JUNHO

Enumere seus talentos e veja o quanto você precisará prestar conta.
Carta 166

13 DE JUNHO

Ele é completamente maior, mais profundo e mais amplo do que a extensão superficial e insuficiente da minha pequena fraca luz pode suportar.
Carta 169

14 DE JUNHO

Oh, deixe este pequeno amor nosso, este meio centímetro de desejo celestial encontrar-se com Seu infinito amor!
Carta 169

15 DE JUNHO

Se eu não tivesse outro céu além de uma fome contínua por Cristo, tal céu de fome insaciável ainda seria um céu para mim.
Carta 170

16 DE JUNHO

Não desanime com resoluções quebradas e não cumpridas, não desista, insista de novo e de novo.
Carta 173

17 DE JUNHO

Oh quão proveitoso é um Salvador que faz um pecador ficar livre de suas correntes e grilhões.
Carta 170

18 DE JUNHO

Todos os dias podemos ver algo novo em Cristo; Seu amor não tem limites.
Carta 171

19 DE JUNHO

O cristianismo é meu coração ser sincero, não fingido, honesto e reto diante de Deus, e viver e servir a Ele, ainda que não haja sequer uma pessoa em todo o mundo morando ao meu lado para ver. Qualquer pequena graça que você tenha, veja que seja sã e verdadeira.
Carta 172

20 DE JUNHO

Você deve, em todas as coisas, visar a honra de Deus. Você deve comer, beber, dormir, comprar, vender, sentar, levantar, falar, orar, ler e ouvir a Palavra, com um propósito no coração de que Deus seja honrado.
Carta 172

21 DE JUNHO

Entregue todos teus caminhos e ações a Deus, pela oração, súplica e ação de graças, e não se preocupe muito por ser ridicularizado, pois Cristo Jesus já foi ridicularizado antes de você.
Carta 172

22 DE JUNHO

Quando olho para a minha culpa, vejo que a minha salvação é um dos maiores milagres do nosso Salvador, quer seja no céu ou na terra.
Carta 170

23 DE JUNHO

Aventure-se a enfrentar a ventania por Cristo.
Carta 174

24 DE JUNHO

Um coração de ferro com portas de ferro não poderá resistir a Cristo.
Carta 175

Que ninguém pense que se soltará das mãos de Cristo ao sofrer por Ele.
Carta 176

25 DE JUNHO

Eu não posso, e nem poderia, renunciar ao amor de Cristo. Ele deixou uma marca onde Ele pôs firmemente Sua mão. Ele se foi e me deixou com Seu ardente amor com o qual devo lutar, e dificilmente poderia saciar a fome por Seu amor sem a Sua presença.
Carta 176

26 DE JUNHO

Glorifique o Senhor em teus sofrimentos e pegue Sua bandeira de amor e cubra-se com ela. Outros te seguirão, se te virem forte no Senhor.
Carta 177

27 DE JUNHO

Eu sei que o meu Senhor pode fazer uma grande, ampla, alta e profunda glória para o Seu nome a partir deste corpo fraco, pois Cristo não considera a fraqueza da coisa da qual Ele pode tirar Sua glória.
Carta 177

A fé, em tempos passados, impediu um vazamento em meu barco danificado e soprou em minhas velas com um vento forte.
Carta 178

28 DE JUNHO

Eu creio que quando Cristo extrai sangue, Ele tem habilidade para cortar a veia certa. Eu sei que Cristo não é obrigado a deixar-me ver todos os lados da minha provação repetidamente para que eu possa ver tudo.
Carta 178

29 DE JUNHO

Eu gostaria de poder edificar mais, tanto quanto eu pudesse, sobre o que significa: "Meu Cristo é Deus". Eu poderia colocar o mundo inteiro sobre essa verdade.
Carta 178

Poderíamos, pela súplica, nos tornarmos ricos (se fôssemos sábios), se pudéssemos estender nossas mãos ressequidas a Cristo, e aprendêssemos a rogar e a buscar, a pedir e a bater.
Carta 178

30 DE JUNHO

Eu não gostaria de ter o amor de Cristo entrando em mim, mas de eu entrar neste amor e ser engolido por ele.
Carta 178

Espero que o meu navio estará pronto, ver Cristo disposto a soprar o seu doce vento nas minhas velas, e endireitar e fechar os vazamentos no meu barco e dominar sobre tudo. Seria algo estranho se um passageiro crente fosse lançado ao mar.
Carta 179

Julho

1 DE JULHO

Examine-te se tens bom zelo por Cristo. Muitos pensam que creem, mas nunca tremem: os demônios estão mais além do que estes.
Carta 180

Lute por Ele e tome a disputa dos homens pelo favor de Deus; não há comparação entre estes.
Carta 180

2 DE JULHO

Oh, se as pessoas buscassem a Cristo e nunca descansassem, elas O encontrariam.
Carta 180

Pensamentos santificados, conscientes, chamados e mantidos no temor e na reverência, são como combustíveis de grama verde que não queimam e são uma água para o carvão de Satanás.
Carta 181

3 DE JULHO

Seus beijos e visitas aos Seus queridos são pouco semeados. Ele não poderia derramar Seus rios de amor sobre os Seus, pois esses rios poderiam correr o risco de

arrancar uma planta jovem na raiz. E Ele conhece bem você.
Carta 187

Eu tenho certeza de que, enquanto Cristo viver, terei sempre uma amizade mais do que completa.
Carta 188

4 DE JULHO

Ele é um milagre e uma maravilha neste mundo para um pecador que busca e chora, e tal milagre será visto por aqueles que vierem a Ele.
Carta 181

Nós engatinhamos sob as asas do nosso Senhor durante uma grande tempestade, e a água não pode passar por aquelas asas.
Carta 182

5 DE JULHO

O que pode a fé, visto que Cristo deixa a Si mesmo (que isso seja dito com reverência) ser comandado por ela, o Cristo que comanda todas as coisas?
Carta 182

6 DE JULHO

Eternamente benditos são aqueles que estão fora e acima de si mesmos, para que possam estar, em amor, unidos a Ele.
Carta 189

7 DE JULHO

Coloque todas as suas cargas e seus fardos em Cristo, pela fé; fique sossegado e deixe-O carregar tudo. Ele pode, Ele é capaz, Ele vai carregar você, ainda que o inferno esteja em suas costas.
Carta 186

8 DE JULHO

Se você ama apenas o lado ensolarado de Cristo e gostaria de ter apenas um clima de verão e um caminho pela terra, e não um caminho pelo mar também para o céu, Sua profissão de fé irá falhar e o poço do inverno irá secar novamente no verão.
Carta 186

9 DE JULHO

Eu gostaria que os homens não pudessem fazer mais do que ficar admirados. Se não pudermos ser preenchidos com o amor de Cristo, que fiquemos cheios de admiração.
Carta 186

O tempo não pode mudá-Lo em Seu amor. Você pode oscilar, subir e descer, aumentar e diminuir, mas seu Senhor é hoje como era ontem. E é o seu conforto que a sua salvação não caminhe sobre rodas que você criou, nem você deve criar um Cristo com suas próprias ideias.
Carta 187

10 DE JULHO

A fé está consciente de suas enfermidades e olha, como a um amigo, para as promessas e, olhando para Cristo, fica feliz em ver uma face conhecida.
Carta 181

Sua misericórdia envia sempre uma carta de desafio a todos os seus pecados, ainda que haja mais dez mil deles.
Carta 181

11 DE JULHO

Agradeça a Deus que a nossa salvação seja trazida para à costa, desembarcada e apoiada em Cristo, que é o Senhor dos ventos e das tempestades! E quais ventos marinhos podem tirar a costa ou a terra fora de seu lugar?
Carta 189

12 DE JULHO

Nossas águas estão baixas e não vêm ao nosso queixo, nem podem parar nossa respiração. Eu posso ver (se eu pedir emprestado os olhos de Cristo) que a terra seca está perto.
Carta 196

13 DE JULHO

Eu me calo, porque Ele o fez. Meus pensamentos superficiais e vazios não são a bússola pela qual Cristo navega. Pois há sinuosidade, altos e baixos em Seus caminhos que pessoas como nós não podem ver.
Carta 183

14 DE JULHO

Como uma criança não pode segurar duas maçãs em sua pequena mão, mas apenas uma de cada vez, assim também não podemos ser mestres e senhores de dois amores.
Carta 195

Que estejamos prontos para a partida do navio, para quando o vento e a maré de nosso Senhor nos chamar.
Carta 195

15 DE JULHO

O tempo deve desfazer, desgastar, envelhecer, pouco a pouco, as algemas de ferro que estão agora nas nossas pernas e braços, reduzindo-as a pó; porque o que sofri ontem, eu sei, nunca mais voltará a me incomodar.
Carta 196

16 DE JULHO

Ele deve ir e voltar porque a Sua infinita sabedoria acha que assim é melhor para você. Estaremos juntos um dia.
Carta 192

Sejamos sábios em nossa escolha, que possamos escolher e selar a nossa própria bem-aventurança, que é confiar no Senhor.
Carta 192

17 DE JULHO

Nossa esperança não está pendurada em um fio tão distorcido como um "eu imagino que sim" ou "é

provável", mas o cabo, a corda forte da nossa âncora firme, é o juramento e a promessa dAquele que é a verdade eterna.
Carta 196

18 DE JULHO

Nos enganamos com a falta de vitórias. Nós sustentamos que essa é a marca de alguém que não tem a graça. Não, a falta de luta é que não é uma marca da graça, mas não direi que a falta de vitória seja tal marca.
Carta 203

19 DE JULHO

Nossa salvação é firmada com a própria mão de Deus, e com a própria força de Cristo, no forte pilar da natureza imutável de Deus.
Carta 196

20 DE JULHO

Certamente é uma coisa complicada guardar crianças tolas de quedas e semblantes caídos, chorando por este e aquele brinquedo, de assaduras, resfriados, e outras enfermidades infantis. Antes delas obterem sucesso através de tudo isso, vencendo estes obstáculos, elas causam muitos problemas e incômodos para seus responsáveis. E assim o crente é um trabalho incômodo e um emaranhado de fios (como costumamos dizer) para Cristo. Mas graças sejam dadas a Deus, pois muitos perdidos e muitos emaranhados de fios tem Cristo consertado, desde que Ele tornou-se tutor da humanidade perdida. Oh, o que nós poderíamos fazer sem Ele? Quão rápido estragaríamos tudo!

Carta 196

21 DE JULHO

Todo homem culpa o diabo por seus pecados. Mas o grande diabo, o diabo da casa de todo homem, o diabo da casa que come e se deita no seio de todo homem é ele próprio, que é aquele ídolo que mata tudo. Oh, benditos são aqueles que podem negar a si mesmos e colocam Cristo habitando em si mesmos!
Carta 198

22 DE JULHO

Custou a Cristo e a todos os Seus seguidores aguaceiros e suores quentes antes que chegassem ao topo da montanha. Mas nossa natureza fraca gostaria de ter o céu chegando à nossa cabeceira quando estivéssemos dormindo e deitando ao nosso lado para que pudéssemos ir para o céu em roupas aquecidas. Mas todos os que foram para lá tiveram que molhar seus pés pelo caminho, e enfrentaram fortes tempestades atingindo seus rostos, encontraram muitos altos e baixos e muitos inimigos pelo caminho.
Carta 198

23 DE JULHO

Meu Senhor agora me deu a experiência (embora fraca e pequena) de que nossa melhor porção aqui é o anseio.
Carta 197

É bom para nós que Cristo sempre tome o nosso fardo; é nosso céu colocarmos muitos pesos e cargas sobre

Cristo, e torná-Lo tudo o que temos, a raiz e o topo, o começo e o fim de nossa salvação.
Carta 196

24 DE JULHO

Oh, se a nossa fé pudesse resistir às ondas e ventos elevados e altivos, quando o nosso mar parece estar todo em chamas!
Carta 196

25 DE JULHO

Se meu fogo e a água do diabo fizerem estalos como o trovão no ar, eu sentirei pouco medo. Pois onde há fogo, é a parte de Cristo, a qual eu me apego para impedir que as brasas caiam do fogo, e oro ao Pai para que minha fé não desfaleça, se eu, enquanto isso, estiver engajado e lutando, combatendo e contrito.
Carta 203

26 DE JULHO

Oh, que Cristo rompa os velhos e pequenos vasos dessas almas pequenas e rasas, e faça almas belas, profundas, largas e amplas para conter um mar e uma maré cheia (fluindo sobre todas as suas margens) do amor de Cristo!
Carta 210

27 DE JULHO

Nosso Senhor nunca tem um olhar tão gentil acerca de nós, nem do nosso amor em tal grau, nem da nossa fé em tal medida de firmeza, como quando estes saem da

fornalha de nossos temores, tentações e das afiadas provações.
Carta 211

28 DE JULHO

Eu sei que Ele, em muitos, não procura nada mais do que a fé que pode suportar o verão e o inverno em seus extremos. Não desmaiem – as milhas até o céu são poucas e curtas.
Carta 211

29 DE JULHO

Seu sopro nunca é tão quente e seu amor nunca lança tal chama, como quando este mundo, e aqueles que deveriam ser os ajudantes de nossa alegria, lançam água em nossas brasas.
Carta 211

30 DE JULHO

Eu sei que é nosso pecado que nós tenhamos santificação no lado ensolarado da colina, e santidade somente nos bons tempos de verão, quando não há tribulação alguma.
Carta 215

31 DE JULHO

É a infinita divindade que deve acalmar a agudeza de tua fome pela felicidade. Não se renda a nenhum vento, mas deixe que Cristo seja tua âncora.
Carta 213

Agosto

1 DE AGOSTO

Quais outras provações estão diante de mim, eu não sei. Mas eu sei que Cristo levará minha alma salva até o outro lado da água, além das tribulações e além das injustiças dos homens.
Carta 214

2 DE AGOSTO

Ninguém é mal recebido por Cristo; não há quem venha e não seja bem-vindo. Não há quem venha e se arrependa de sua viagem.
Carta 226

3 DE AGOSTO

Graças sejam dadas a Deus que este mundo não tem poder para nos defraudar de tanto dinheiro quanto os governantes cobram pelo ouro ou pela prata. Nós permaneceremos tanto quanto nosso mestre, Cristo, cuja moeda, armas e selo que carregamos, nos possuir. Cristo não possui uma balança desigual.
Carta 211

4 DE AGOSTO

Eu vejo que a graça fica muito bem à vontade diante de nossas necessidades, de modo que eu frequentemente agradeço a Deus por estas trazerem Cristo para afiar e aguçar Sua graça. É uma febre abençoada aquela que traz Cristo para o lado da cama.
Carta 216

5 DE AGOSTO

Tenho certeza de que somos avarentos e pessoas cautelosas ao buscar as bênçãos. Eu realmente julgo que não sabemos quanto pode ser obtido nesta vida; há ainda algo além de tudo que vemos, que a busca iluminaria.
Carta 222

6 DE AGOSTO

Não é vergonha nem orgulho que um homem que está se afogando nade até uma rocha, nem que uma alma em naufrágio corra para a costa onde Cristo está.
Carta 217

Não é orgulho para um homem que se afoga agarrar-se à rocha. É sua glória apoderar-se de sua Rocha.
Carta 221

7 DE AGOSTO

Eu penso que meu Senhor Jesus não vem daquele exato modo pelo qual eu proponho esperar por Ele; Ele tem um caminho próprio.
Carta 222

8 DE AGOSTO

Minhas medidas mais longas são curtas demais para Cristo - minha profundidade é superficial, e a amplitude de meus afetos a Cristo limitada e pequena.
Carta 216

9 DE AGOSTO

Passe dessa imensa glória do mundo para o novo mundo da graça de nosso Senhor e você rirá das coisas sem valor que as crianças estão buscando adquirir.
Carta 224

10 DE AGOSTO

Todo homem é um crente diante da luz do dia; um belo dia parece que é feito de fé e esperança.
Carta 223

11 DE AGOSTO

Nossas tribulações nunca extrairão sangue da alegria do Espírito Santo e da paz de consciência. Esforce-se para pressionar os espinhos desta vida para estar em Cristo.
Carta 226

12 DE AGOSTO

Se você se contentar em tomar o céu pela violência, e o vento em seu rosto por Cristo e Sua cruz, eu sou alguém que tem alguma prova da cruz de Cristo e que pode dizer que Cristo sempre foi gentil comigo. Mas

Ele se excede (se é que posso dizer assim) em bondade enquanto eu sofro por Ele.
Carta 225

13 DE AGOSTO

Se eu tenho algum amor para com Ele, Cristo tem tanto o amor para comigo quanto a capacidade para guiar Seu amor.
Carta 215

14 DE AGOSTO

As necessidades são as minhas melhores riquezas porque eu as tenho supridas por Cristo.
Carta 222

15 DE AGOSTO

Sei que meu Senhor não é avarento: Ele pode – e isso é adequado para Ele – dar mais do que minha alma pequena pode receber (...) Cristo é a fonte da vida, mas quem sabe quão profunda é tal fonte?
Carta 226

16 DE AGOSTO

Não há tal largura e lugares espaçosos no caminho para o céu como os homens acreditam.
Carta 227

17 DE AGOSTO

Este mundo cego não vê que os sofrimentos são a armadura de Cristo onde Ele é vitorioso.
Carta 228

Você é uma flecha feita por Ele mesmo. Deixe-O atirá-lo contra uma parede de bronze; a ponta da flecha ficará inteira.
Carta 229

18 DE AGOSTO

É bom que suas cruzes (tribulações) apenas os conduzam para os portões do céu, no qual elas não poderão entrar; os portões serão fechados sobre elas quando vocês forem admitidos ao trono.
Carta 230

19 DE AGOSTO

Tomemos o caminho que pudermos para o céu, o caminho estará coberto de cruzes; não há como romper com elas. Sagacidade e astúcia, mudanças e leis, não encontrarão um caminho em volta da cruz de Cristo, mas devemos passar por elas.
Carta 237

20 DE AGOSTO

Graça, graça, livre graça, somente os méritos de Cristo e a bela e grande misericórdia do Salvador tem sido e devem ser a rocha para a qual almas se afogando em desespero devem nadar.
Carta 233

21 DE AGOSTO

Eu sei com certeza que meu Senhor Jesus não vai frus-

trar nem anular meus sofrimentos; Ele tem um uso para eles em Sua casa.
Carta 230

22 DE AGOSTO

Uma coisa, pela experiência, meu Senhor me ensinou: que podemos cavalgar sobre as águas que estão entre este mundo e o céu, se formos bem montados – quero dizer, se estivermos em Cristo. Ninguém se afogará pelo caminho, senão aqueles que amam sua própria destruição.
Carta 237

23 DE AGOSTO

Põe o teu rosto no céu, e encurva-te em todas as entradas baixas que estiverem pelo caminho, para que recebas o reino como uma criança.
Carta 237

24 DE AGOSTO

Eu te exorto a não perder o fôlego, nem desmaiar em tua jornada. Teu Senhor Jesus suou e ofegou antes de subir àquele monte. Ele disse: "Pai, salva-me". Eu tenho certeza que você ama este caminho porque Seus santos pés o pisaram antes de você.
Carta 238

25 DE AGOSTO

Eu nunca conheci altos e baixos em Cristo. Seus ventos

não mudam. Quando Ele parece mudar, é apenas nós que viramos para o lado errado.
Carta 240

26 DE AGOSTO

A tribulações são proclamadas como ocorrências providenciais a todos os santos, e nelas está parte de nossa comunhão com Cristo. Mas há uma doce casualidade na cruz, até mesmo a presença de Cristo e seus confortos, quando estas são santificadas.
Carta 240

27 DE AGOSTO

Cristo e Sua cruz não são separáveis nesta vida. Contudo, Cristo e Sua cruz se separam à porta do céu, porque não há moradas para provações no céu.
Carta 242

28 DE AGOSTO

Uma lágrima, um suspiro, um coração triste, um medo, uma perda, um pensamento de dificuldade, não podem encontrar alojamento no céu. Eles são apenas as marcas de nosso Senhor Jesus nesta vasta estalagem e país tempestuoso, deste lado da morte.
Carta 242

29 DE AGOSTO

Acho que Sua doce presença consome a amargura da tristeza e do sofrimento. Eu acho que é uma coisa doce que Cristo diz da minha cruz: "Parte é minha", e que ele divide esses sofrimentos comigo, e toma a maior

parte para si mesmo – não, eu e toda a minha cruz somos totalmente de Cristo.
Carta 242

30 DE AGOSTO

Embora minha cruz seja tão pesada quanto dez montanhas de ferro, quando Ele coloca seu doce ombro debaixo de mim e sob ela, minha cruz se torna tão leve quanto uma pena.
Carta 247

31 DE AGOSTO

Quando perco o fôlego ao subir a montanha, Ele me dá um novo fôlego.
Carta 247

Setembro

1 DE SETEMBRO

Veja que Cristo estabeleça a pedra fundamental da sua profissão de fé, pois o vento, a chuva e as inundações não derrubarão o Seu edifício. Suas obras não têm prazo menor do que a eternidade.

Carta 248

2 DE SETEMBRO

Cristo toma tanto quanto homens pobres podem oferecer. Onde há uma meia porção, Ele se contenta com menos, se houver sinceridade; montantes insuficientes e fraca obediência será perdoada; continue a marchar com Ele.
Carta 249

3 DE SETEMBRO

Não me arrependo de ter feito de Cristo minha opção e minha escolha; penso que quanto mais dEle, melhor.
Carta 258

4 DE SETEMBRO

É bom, antes que a tempestade se levante, preparar tudo e estar preparado para ir ao campo de batalha com

Cristo, visto que não guardará a casa nem se sentará ao lado da lareira com covardes.
Carta 251

5 DE SETEMBRO

Aventure-se no meio de todas as coisas na busca por Cristo, e não perca o seu Mestre, Cristo, na multidão que há nesta grande feira.
Carta 252

6 DE SETEMBRO

Cristo guarda o encontro no fogo e na água com os Seus, e vem quando a nossa respiração se vai e quando o nosso sangue se esfria.
Carta 253

7 DE SETEMBRO

Seja qual for a sua culpa, quando ela cai no mar da misericórdia de Deus, é como uma gota de sangue caída num grande oceano.
Carta 256

8 DE SETEMBRO

Eu creio através de uma nuvem que a tristeza (que não tem olhos) é apenas um véu sobre o amor de Cristo.
Carta 256

9 DE SETEMBRO

Deus é verdadeiro tanto no menor quanto no maior, e Ele deve ser assim para você. Não podes chamá-Lo de verdadeiro numa página da folha e de falso na outra,

pois nosso Senhor, em todos os Seus escritos, nunca se contradisse.
Carta 249

10 DE SETEMBRO

Se pudéssemos ser fiéis, nosso barco não racharia, nosso mastro não quebraria e nossas velas não seriam destroçadas pelo mar.
Carta 260

11 DE SETEMBRO

Não é um caminho suave e fácil, nem o clima será bom e agradável. Mas todos os que viram o Deus invisível e a bela cidade que nos aguarda não levaram em conta as perdas ou tribulações.
Carta 261

12 DE SETEMBRO

Deixe que Cristo tenha poder de comando e um trono de rei em você.
Carta 262

13 DE SETEMBRO

Tome a Cristo, todavia, uma tempestade poderá segui-Lo.
Carta 264

14 DE SETEMBRO

Nossos sofrimentos são lavados no sangue de Cristo, bem como nossas almas, pois os méritos de Cristo

trouxeram uma bênção às cruzes (tribulações) dos filhos de Deus.
Carta 265

15 DE SETEMBRO

O mundo não conhece a nossa vida; é um mistério para eles. Temos o lado ensolarado do mundo e o nosso paraíso está muito acima do deles. Sim, o nosso choro está acima do riso deles que é como o crepitar dos espinhos debaixo de uma panela (Eclesiastes 7:6).
Carta 274

16 DE SETEMBRO

Sabeis que estais tão perto do céu tanto quanto estais longe de ti mesmo.
Carta 272

17 DE SETEMBRO

Tenho certeza de que os problemas não prevalecerão sobre nós, se eles forem apenas os oficiais do nosso Senhor para nos manter em Sua custódia enquanto estivermos deste lado do céu.
Carta 273

18 DE SETEMBRO

Seu navio irá contra todas as tempestades se sua âncora for fixada em um bom terreno - quero dizer, além do véu.
Carta 271

19 DE SETEMBRO

Eu oro a Deus para que eu não seja um amigo tão mau para Cristo que meu Senhor me deixe ser meu próprio tutor e meu próprio médico. Não pensarei que o meu Senhor Jesus, que merece muito bem o seu próprio lugar, tomará o que é Seu da forma que lhe convém e que ocupará o Seu próprio trono?
Carta 275

20 DE SETEMBRO

Ainda que minha fé esteja pendurada por um pequeno fio ou linha, espero que esta não se rompa. E ainda que meu Senhor não tenha nada de minha parte, a não ser desejos débeis, confio que eles serão aceitos na conta de Cristo.
Carta 275

21 DE SETEMBRO

O amor do nosso Senhor não é tão cruel a ponto de permitir que um homem pobre veja a Cristo e o céu, e nunca lhe dê mais porque a este falta dinheiro para comprá-lo. O amor de Cristo está pronto para pagar o resgate de uma pessoa pobre que perdeu tudo quanto tinha.
Carta 275

22 DE SETEMBRO

A incredulidade pode desencadear um monte de pensamentos pesados e desalentadores. Então, Cristo pede

confiança em meio às minhas apreensões incrédulas, e me atrai a crer em Sua luz do dia quando é meia-noite.
Carta 275

23 DE SETEMBRO

Eu vejo que quando, em águas profundas, não conseguimos alcançar o fundo com nossos pés, então o amor de Cristo encontra trabalho oportuno em um peso morto como esse.
Carta 275

24 DE SETEMBRO

Não terás permissão para mover-te silenciosamente para o céu na companhia de Cristo sem um conflito e uma cruz.
Carta 275

25 DE SETEMBRO

Um orvalho enevoado será suficiente para a chuva e para fazer algum bem, e manter um pouco de verdor nas ervas, até as nuvens do nosso Senhor se derramarem sobre a terra e enviarem uma rega de chuva. Realmente acho que o orvalho enevoado de Cristo é uma mensagem de boas-vindas do céu até a chuva do meu Senhor cair.
Carta 277

26 DE SETEMBRO

O mar está parado e o vento do Seu Espírito está calmo, e eu não posso obter um vento pedindo ao mar para fazer com que ele flua novamente. Só espero nas

margens e na costa até o Senhor mandar um mar cheio, para que, com velas içadas, eu possa me elevar a Cristo.
Carta 277

27 DE SETEMBRO

Que bem seria para minha alma se Cristo fosse minha própria matéria-prima e que eu O amasse e respirasse nEle, não podendo viver sem Ele.
Carta 277

28 DE SETEMBRO

O vazio e as faltas de ninguém impõem uma inibição a Cristo, ou impede sua salvação. E isso é muito melhor para mim.
Carta 277

29 DE SETEMBRO

Ele invadiu a alma do pobre prisioneiro, como a dilatação do Jordão. Estou saciado; uma grande maré alta das consolações de Cristo me transbordou.
Carta 289

30 DE SETEMBRO

Considere que é impossível que seus ídolos e seus pecados possam ir para o céu junto contigo, e que aqueles que não se separarão destes, possam de fato amar a Cristo verdadeiramente, senão apenas em palavras e em demonstrações externas, e isso não funcionará.
Carta 280

Outubro

1 DE OUTUBRO

Nós ainda não seremos bons eruditos e iremos aos portões do céu com nossa lição pela metade enquanto estivermos nas mãos do tempo e até que a eternidade cause o surgimento de um sol em nossas almas, o que nos dará a sabedoria.
Carta 282

2 DE OUTUBRO

Se fôssemos os tutores, os mordomos e os mestres do amor de Cristo, seríamos mais magros e mal alimentados do que somos. O nosso alimento nos faz mais bem porque é Cristo quem guarda as chaves da dispensa.
Carta 282

3 DE OUTUBRO

Ah! Não endurecemos nossos rostos contra as tempestades frias do norte, que sopram sobre a face justa de Cristo!
Carta 284

4 DE OUTUBRO

É pela bondade do Senhor que Ele tirará a escória de nós no fogo. Quem sabe quão necessária é a purificação

para nós, e de quais escórias devemos nos livrar antes de entrarmos no reino de Deus?
Carta 282

5 DE OUTUBRO

Que tolos somos ao tentarmos alcançar a Ele e Seu trato para conosco! Ele tem um caminho próprio muito além dos pensamentos dos homens e nenhum pé tem habilidade para segui-Lo.
Carta 282

6 DE OUTUBRO

Lembre-se de quão rapidamente o tempo de Deus desaparece e que a sua manhã já está gasta. Sua tarde chegará, e então a noite, e tendo o tempo passado, você não poderá mais trabalhar. Que o seu coração seja colocado no término de sua jornada, calculando e reconhecendo as contas que você prestará ao seu Senhor. Oh, quão abençoados sereis se tiverdes uma alegre vinda do seu Senhor à noite!
Carta 280

7 DE OUTUBRO

Podemos ver como derramamos e estragamos nosso próprio belo céu e nossa salvação, e como Cristo está todos os dias colocando um osso ou outro (nessas nossas almas caídas) no lugar certo novamente - e que deste lado da Nova Jerusalém ainda temos necessidade da graça que sara e perdoa.
Carta 282

8 DE OUTUBRO

Tão estreita é a entrada para o céu que nossos grandes cachos e montes de orgulho, amor próprio, amor aos ídolos e amor ao mundo devem ser arrancados de nós, para que possamos ser empurrados para dentro, curvando-nos e rastejando-nos através daquela entrada estreita e espinhosa.
Carta 282

9 DE OUTUBRO

Nós amamos bem a religião do verão, e ser aquilo que o pecado nos fez, mesmo com a pele fina como se fôssemos feitos de papel branco - e desejamos ser levados para o céu em uma carruagem fechada, desejando em nossos corações que Cristo nos dê segurança e Sua assinatura e Seu selo (ou nada além de um belo verão) até sermos desembarcados nos portões do céu!
Carta 284

10 DE OUTUBRO

Encontramos Cristo sem molharmos um pé, e Ele e seu evangelho chegaram, pela livre graça, às nossas portas. Mas agora devemos molhar nossos pés para procurá-Lo.
Carta 284

11 DE OUTUBRO

Muitos tomam apenas uma parte de Cristo, e quando o forte vento sopra, Cristo está longe deles.
Carta 284

12 DE OUTUBRO

Todos nós sabemos o caminho para ficarmos ilesos. E o mais ingênuo coração carregará uma bolsa que conterá a negação de Cristo e terrivelmente tenderá a desviar-se. Oh, quão raro é ser leal e honesto a Cristo, quando Ele tem uma controvérsia com Seus opositores nesta terra!
Carta 284

13 DE OUTUBRO

Precisamos ser redimidos de nós mesmos, e não do diabo e do mundo! Aprendam a negar-se a si mesmos e a colocar-se em Cristo por causa de si mesmos.
Carta 284

14 DE OUTUBRO

Ele, como um tecelão, pode criar um tecido de contrariedades.
Carta 287

15 DE OUTUBRO

Se nossa fraqueza pecaminosa crescer até as nuvens, a força de Cristo vai crescer até o sol e muito acima do céu dos céus.
Carta 286

16 DE OUTUBRO

As crianças doentes ficam com as coisas agradáveis de

Cristo para brincar com elas, porque Jesus é muito terno com o sofredor, pois Ele também era um sofredor.
Carta 286

17 DE OUTUBRO

Não temo que grandes quantidades de amor derrubem o milho em crescimento e soltem minhas plantas nas raízes. Cristo não faz dano onde quer que Ele venha.
Carta 285

18 DE OUTUBRO

As pessoas não sabem que vida é o amor de Cristo. Não tenha medo de sofrer por Cristo, pois Ele tem uma cadeira e uma almofada, e uma doce paz para um sofredor.
Carta 285

19 DE OUTUBRO

Já que não podemos pagar a antiga dívida, não podemos recusar assumirmos a nova dívida da misericórdia de Cristo. De minha parte, deixe-me permanecer para sempre em Seu livro como um devedor miserável à Sua misericórdia.
Carta 285

20 DE OUTUBRO

É agradável que o Espírito de Jesus sopre seu doce vento através de um pedaço de pau seco, para que a cana vazia não guarde glória para si mesma.
Carta 286

21 DE OUTUBRO

Quem pode encontrar em seu coração algum pecado contra o amor - e um amor como aquele em que os glorificados no céu se deleitarão em mergulhar e beber para sempre?
Carta 288

22 DE OUTUBRO

Cristo e a sua verdade não se dividirão, e a sua verdade não tem latitude nem largura, para que você possa pegar um pouco dela e deixar outra parte dela. Não, o evangelho é como um fio de cabelo pequeno, que não tem largura, e não se unirá a outro.
Carta 204

23 DE OUTUBRO

E ainda que não possamos alcançar a negação do que somos e temos, para dizermos: "Eu não sou eu mesmo, não sou eu mesmo, o meu não é mais meu", tudo o que fizermos, buscando essa negação, será aceito.
Carta 284

24 DE OUTUBRO

Nossa sincera tristeza e sinceros objetivos, juntamente com a intercessão de Cristo, suplicando que Deus acolha o que temos e perdoe o que não temos, deve ser a nossa vida, até estarmos acima da fronteira e no outro país, onde a lei obterá uma alma perfeita.
Carta 286

25 DE OUTUBRO

Se você se importar em ir para o céu sem cãibras ou desavenças, temo que você irá sozinho. Ele conhece nossas escórias e defeitos, e o doce Jesus se compadece de nós quando fraqueza e morte, em nossa obediência, são a nossa tribulação, e não aquilo que amamos.
Carta 286

26 DE OUTUBRO

Creia, quando você estiver sob uma nuvem sem poder enxergar, e espere por Ele quando não houver luar nem luz das estrelas.
Carta 291

Os olhos da fé, que podem ver através de uma pedra de moinho, podem ver através de uma face carrancuda de Deus, e sob ela ler os pensamentos de amor e paz de Deus. E se agarrar a Cristo no escuro.
Carta 291

27 DE OUTUBRO

Sei que começos honestos são nutridos por Ele, pelo próprio amável Jesus, que nunca apagou a fraca vela de um pobre homem que está lutando entre a luz e as trevas.
Carta 286

28 DE OUTUBRO

É um rio largo, e a fé não consegue ver além; é um mar poderoso e largo, e aqueles que têm esperança viva não podem contemplar a margem mais distante e outras

margens. Olhe por sobre as águas – sua âncora está fixada no véu.
Carta 291

29 DE OUTUBRO

Deixe sua fé confiar em Deus um pouco, e não tenha medo de um incêndio fumegante. (...) Sua fé é livre e não pode tornar-se cativa.
Carta 291

30 DE OUTUBRO

Uma água imunda que não foi percebida é perigosa. É como um vazamento de rachadura no fundo de uma consciência iluminada, muitas vezes caindo e pecando contra a luz.
Carta 284

31 DE OUTUBRO

Que minhas palavras quebradas subam para o céu. Quando elas subirem no grande incensário de ouro do Anjo, esse compassivo Advogado reunirá minhas preces quebradas e as perfumará. As palavras não são da natureza essencial da oração.
Carta 293

Novembro

1 DE NOVEMBRO

Se a esperança puder confiar em Cristo, sei que Ele pode e irá recompensá-la. Ele tem no céu as chaves da tua prisão e pode libertar-te quando Ele desejar.
Carta 292

2 DE NOVEMBRO

Quando minha fé estava adormecida, Cristo estava acordado, e agora, quando estou acordado, digo: "Ele fez bem todas as coisas".
Carta 294

3 DE NOVEMBRO

O mais sincero suspiro é a fé respirando e sussurrando-Lhe no ouvido. A vida não deixou a fé onde há suspiros, olhando e suspirando em direção a Deus. Não escondas o Teu ouvido ao meu suspiro (Lamentações 3:56).
Carta 293

4 DE NOVEMBRO

Ponha o que é apropriado em seu rosto e não seu véu feito de incredulidade, que fala como se Ele tomasse o amor emprestado de você, dos seus deméritos e méritos pecaminosos. Oh não! Cristo é homem, mas ele não é

como o homem. Ele tem o amor do homem no céu, que é tornado glorioso pelo amor de Deus, e que é o verdadeiro amor que Deus tem por você. Quando você vai e se afasta, Ele permanece. Deixe Deus ser Deus.
Carta 295

5 DE NOVEMBRO

Que o Senhor tenha o ordenar absoluto de seus males e problemas, e os afaste de você, recomendando sua tribulação e sua fornalha Àquele que tem habilidade para derreter Seu próprio metal, e que sabe bem o que fazer com Sua fornalha.
Carta 295

6 DE NOVEMBRO

Veja que Cristo seja a pedra fundamental da sua profissão de fé. O vento e a chuva fortes não derrubarão o seu edifício; a Sua obra não tem menor duração do que o tempo de descanso eterno.
Carta 304

7 DE NOVEMBRO

Ele te guiou para a glória através desta água de aflições que estava no teu caminho, e agora haverá menos aflições para você chegar lá.
Carta 302

8 DE NOVEMBRO

A glória de apoiar-se sobre alguém que é poderoso para salvar é mais do que podemos imaginar. Esse serviço, de

crer em um Redentor ferido, é uma parte preciosa da obediência.
Carta 299

9 DE NOVEMBRO

Cristo carregou toda a cruz completa, e seus santos carregam apenas pequenos pedaços, como diz o apóstolo: "os restos" ou "resíduos" da cruz (Colossenses 1:24).
Carta 323

10 DE NOVEMBRO

O bom lavrador pode arrancar suas rosas e colher os seus lírios no meio do verão e, ouso dizer, no começo do primeiro mês de verão. E ele pode transplantar árvores jovens do subsolo para o solo superior, onde elas podem ter mais sol e um ar mais livre em qualquer estação do ano. O que é isso para você ou para mim? Tudo pertence a Ele.
Carta 310

11 DE NOVEMBRO

Ouça o que a vara prega e veja o nome de Deus (Miquéias 6:9), e saiba que há algo de Deus e do céu nela. A insondável e infinita majestade dos caminhos e juízos de Deus não é vista na vara, e para vê-las são requeridos os olhos de um homem sábio. Mas Ele não pode errar. Ele não pode tropeçar; os caminhos dAquele que faz todas as coisas são justos.
Carta 311

12 DE NOVEMBRO

Ele conta as gotas da chuva e conhece as estrelas pelos seus nomes. Seria preciso muito conhecimento para dar um nome a todas as estrelas do firmamento, grandes ou pequenas.
Carta 311

13 DE NOVEMBRO

Aquilo que é o ganho para Cristo não é a sua perda. Não permita que aquilo que é Sua vontade santa e sábia seja a sua tristeza incrédula.
Carta 314

14 DE NOVEMBRO

Não nos cansemos, pois a distância para aquela terra é cada vez menor comparada com quando cremos pela primeira vez.
Carta 318

15 DE NOVEMBRO

Se Cristo envia Sua palavra para limpar um pecador, para Ele basta menos do que uma palavra para transformar perversos demônios em belos anjos.
Carta 319

16 DE NOVEMBRO

Ele não está à espera de suas quedas, senão para te erguer.
Carta 320

17 DE NOVEMBRO

Uma cruz de nossa própria escolha, doce e açucarada com consolações, não podemos ter.
Carta 322

18 DE NOVEMBRO

Esse evangelho não pode afundar – ele vai libertá-lo e irá carregá-lo. Cristo, o principal agente do evangelho, é o escolhido de Deus.
Carta 322

19 DE NOVEMBRO

Seu Guia é uma boa companhia, conhece todos os caminhos e seus altos e baixos.
Carta 324

20 DE NOVEMBRO

Ele preparou um local de descanso para você.
Carta 321

Os problemas pelo caminho não são muitos onde os locais para descanso são muito bons.
Carta 323

21 DE NOVEMBRO

Estou confiante de que Ele não o deixará até que coroe o trabalho iniciado em você.
Carta 308

22 DE NOVEMBRO

Deixe Cristo te ensinar como Ele acha ser melhor. Você não pode ser arruinado ou sofrer danos estando em Sua mão.
Carta 324

23 DE NOVEMBRO

Vocês são devedores a Cristo por todas as providências (...) mesmo que Ele construa uma sebe de espinhos no seu caminho, vejam, assim, que sua graciosa intenção é salvá-los, vocês querendo tais espinhos ou não.
Carta 326

24 DE NOVEMBRO

Não se apressem incredulamente, mas na esperança e no silêncio guardem a torre de vigia e vigiem.
Carta 328

25 DE NOVEMBRO

Cristo não pode confundir você; os homens podem. E o cálculo e estima da livre graça faz com que você seja o que você é.
Carta 334

26 DE NOVEMBRO

Nós, tolos, teríamos uma cruz de nossa própria escolha, e teríamos nosso fel e absinto adocicados, nosso fogo esfriado, e nossa morte e sepultura aquecidas com o

calor da vida. Mas Aquele que trouxe muitos filhos à glória e não perdeu nenhum é nosso melhor Mestre.
Carta 332

27 DE NOVEMBRO

Oh, por graça para que Cristo seja o tutor de Seus próprios pequeninos e jovens herdeiros! Mas não queremos suportar estarmos sob as ações de Seu governo – amamos demais sermos de nós mesmos.
Carta 333

28 DE NOVEMBRO

No caminho do dever e no silêncio da fé, prossiga!
Carta 331

29 DE NOVEMBRO

Não tropece! Os homens são apenas homens, e Deus cada vez mais demonstra ser Deus, e Cristo ainda é Cristo.
Carta 335

30 DE NOVEMBRO

Eu não me importo com nada, desde que eu esteja mais perto dEle. E, no entanto, Ele não se aparta de mim. Eu fujo dEle, mas Ele me busca.
Carta 335

Dezembro

1 DE DEZEMBRO

Embora os habitantes daquele lugar concordem unanimemente em cantar o cântico de louvor ao Cordeiro, aqui nesta vida, e aqui somente, temos a oportunidade de suportar, por Aquele que é digno, a vergonha e a oposição.
Carta 336

2 DE DEZEMBRO

É, portanto, muito mais honroso buscar a conformidade com Cristo em sua cruz do que precipitar-se em desejar ser como Ele em glória, desprezando e fugindo de Seus sofrimentos. Costumamos dizer que são muito indignos do doce aqueles que não podem suportar o amargo.
Carta 336

3 DE DEZEMBRO

É bom que não esteja em nosso poder deter e desfazer Seus sopros. Seu vento sopra onde quer.
Carta 342

4 DE DEZEMBRO

Você deu um testemunho acerca do seu Mestre; você se encontrará com Ele quando Ele vier nas nuvens.
Carta 337

5 DE DEZEMBRO

Assim como é a marca das ovelhas de Cristo ouvir Sua voz e não reconhecer um estranho, também é a marca da fé que elas recebam ordens apenas do céu.
Carta 336

6 DE DEZEMBRO

Existe uma grande e ampla diferença entre um nome de piedade e o poder da piedade. Esta piedade é mais quente quando há menos testemunhas.
Carta 339

7 DE DEZEMBRO

Poderíamos apenas nos inclinarmos, e lançarmos um espírito quieto sob o orvalho e regalos dAquele que a cada momento rega Sua vinha. Quão felizes e abençoados somos!
Carta 342

8 DE DEZEMBRO

Oh, quão pequena porção de Deus vemos! Quão pouco estudamos Deus! Quão raramente lemos acerca de Deus, ou somos versados nas vívidas apreensões daquele grande desconhecido, que é tudo em todos, a divindade gloriosa e a divindade revelada em Cristo! Nós

moramos longe do poço e, secos, reclamamos da nossa secura e entorpecimento. Estamos mais secos do que com sede.
Carta 342

9 DE DEZEMBRO

O Precursor, que desembarcou primeiro, deve ajudar a trazer o navio castigado pelo mar para o porto, e os passageiros doentes (que seguem o Precursor) à terra firme.
Carta 345

10 DE DEZEMBRO

Nós nos apressamos e não cremos. Deixe o único Deus sábio trabalhar; Ele governa bem.
Carta 354

11 DE DEZEMBRO

Oh, se eu pudesse adorá-Lo em Seus caminhos ocultos, quando há escuridão sob seus pés e escuridão em seu pavilhão, e nuvens estão ao redor de Seu trono!
Carta 354

12 DE DEZEMBRO

Anjos, homens e os anciões de Sião nos olham. Mas que importa tudo isso? Cristo é por nós e olha para nós e escreve tudo. Vamos orar mais e olhar menos para os homens.
Carta 357

13 DE DEZEMBRO

Se assim for e parecer bom para Ele, siga o seu Precursor e Guia. É uma terra desconhecida para você, que nunca esteve lá antes. Mas a terra é boa, e a companhia diante do trono é desejável, e Aquele que está sentado no trono é seu único e suficiente céu.
Carta 351

14 DE DEZEMBRO

A nuvem passaria, se pudéssemos viver pela fé.
Carta 352

O crente trêmulo não será confundido.
Carta 353

15 DE DEZEMBRO

Como podemos ser iluminados se damos nossas costas para o sol? E não devemos ficar secos se deixamos a fonte?
Carta 353

16 DE DEZEMBRO

Ele desenha linhas retas, embora pensemos e digamos que são tortas.
Carta 354

17 DE DEZEMBRO

Esperar, crer e orar pacientemente é a nossa vida. Ele não perde tempo.
Carta 354

18 DE DEZEMBRO

Seria sabedoria nossa e nos daria muita doce paz, se os opressores fossem vistos como instrumentos passivos, como a serra ou o machado na mão do carpinteiro.
Carta 347

19 DE DEZEMBRO

Quanto mais lhe faltar e quanto mais a sua alegria permanecer, mais é devido a ti pela promessa da graça.
Carta 345

20 DE DEZEMBRO

Claro que pecamos colocando o livro em Sua mão, como se pudéssemos ensinar o conhecimento ao Todo Poderoso.
Carta 354

21 DE DEZEMBRO

Somente vivendo pela fé, e buscando a força e o conforto de Cristo, você pode ser vitorioso e ter direito às preciosas promessas da "árvore da vida", do "maná escondido", da privilegiada "estrela da manhã" e de todas as outras coisas, feitas para aqueles que vencerem.
Carta 359

22 DE DEZEMBRO

Consideramos um caminho e o Senhor o considera de outro modo. Ele é infalível e o único Deus sábio e que não precisa de nenhum de nós.
Carta 351

23 DE DEZEMBRO

Um dever nunca pode ofender a Cristo, e portanto, de modo algum aos homens.
Carta 359

24 DE DEZEMBRO

Não tenha medo! Você não está e não estará só, pois o Pai está contigo.
Carta 357

25 DE DEZEMBRO

É a arte e a habilidade da fé ler o que o Senhor escreve sobre a cruz (tribulação), soletrando e construindo o seu sentido.
Carta 361

26 DE DEZEMBRO

Poderíamos ser reavivados, vigiar e lutar em oração com o Senhor, e viver mais pela fé, e sermos mais do que vencedores. Espere no senhor! Não desmaie!
Carta 360

27 DE DEZEMBRO

Há uma maneira ruim de engolir intencionalmente uma tentação e não digeri-la, ou expulsá-la da memória sem qualquer vitória da fé. O Senhor, que proíbe o enfraquecimento, proíbe também o menosprezo.
Carta 361

28 DE DEZEMBRO

Seu caminho mais seguro será ficar em silêncio, e ordenar ao coração que não expresse nenhum pensamento desagradável e inquieto acerca da santa dispensação de Deus.
Carta 361

29 DE DEZEMBRO

Não é seguro ficar lutando contra o onipotente Senhor. Deixe o domínio em Suas mãos, pois Ele é forte, e diga: "Seja feita a tua vontade, assim na terra como no céu".
Carta 361

30 DE DEZEMBRO

Aqueles que guardam a palavra de Sua paciência (não a sua própria) serão libertados da hora da tentação que sobrevirá à toda a terra para julgá-la.
Carta 364

31 DE DEZEMBRO

Lar! Não pare, pois o sol está baixo e perto dos topos das montanhas, e as sombras se estendem em grande extensão. Não hesite pelo caminho! O mundo e o pecado o atraem e fazem você se desviar. Não deixe o caminho por eles, e que o Senhor Jesus esteja na viagem!
Carta 30

www.ingramcontent.com/pod-product-compliance
Lightning Source LLC
Chambersburg PA
CBHW071310040426
42444CB00009B/1963